GUÍA PARA INVERTIR PARA PRINCIPIANTES PARA ADOLESCENTES

Guía para la educación financiera y la creación temprana de riqueza

Mildred M. Choate

Copyright © 2024 por Mildred M. Choate. Reservados todos los derechos. Este libro o cualquier parte del mismo no puede reproducirse ni utilizarse de ninguna manera sin el permiso expreso por escrito del editor, excepto para el uso de citas breves en una reseña de un libro.

TABLA DE CONTENIDO

Tabla de contenido 3

Introducción 8

1. Bienvenido a Invertir para adolescentes 9

   El poder de la inversión temprana 9

   ¿Por qué este libro? 12

Parte I: Fundamentos de la inversión 16

2. ¿Qué es invertir? 17

   Definición y conceptos básicos 17

   ¿Por qué invertir temprano? 21

3. Establecer metas financieras 26

   Metas a corto plazo versus metas a largo plazo 26

   Marco de objetivos SMART 30

4. Comprender el dinero y los ahorros 36

Conceptos básicos de presupuestación 36

Crear un fondo de emergencia 41

5. La magia del interés compuesto 47

Cómo funciona el interés compuesto 47

Ejemplos 52

Parte II: Primeros pasos con la inversión 57

6. Diferentes tipos de inversiones 58

Acciones, bonos y fondos mutuos 58

Fondos cotizados en bolsa (ETF) 64

Bienes raíces y más 70

7. Cómo elegir sus inversiones 77

Tolerancia al riesgo y diversificación 77

Estrategias de inversión para adolescentes
....82

8. Abrir su primera cuenta de inversión 87

Tipos de cuentas (corretaje, Roth IRA, etc.) 87

Guía paso a paso para la configuración ...91

Parte III: Invertir en el Mercado de Valores 96

9. Comprender el mercado de valores 97

Cómo funcionan las acciones 97

Términos y conceptos clave 100

10. Cómo comprar y vender acciones........105

Plataformas comerciales para adolescentes 105

Realizar su primera operación 108

11. Lectura de gráficos de acciones y tendencias del mercado 113

Conceptos básicos del análisis técnico ..113

Interpretación de noticias del mercado ..117

Parte IV: Estrategias de inversión avanzadas 123

12. Diversificación y asignación de activos 124

Equilibrando su cartera 124

Reducir el riesgo mediante la diversificación 129

13. Comprensión de los fondos mutuos y los ETF 134

Ventajas y desventajas 134

Cómo invertir en fondos 140

14. Introducción a las criptomonedas 145

¿Qué es la criptomoneda? 145

Riesgos y oportunidades 147

Parte V: Desarrollar buenos hábitos financieros 154

15. Desarrollar un plan de inversión a largo plazo 155

Estableciendo hitos 155

Revisar y ajustar su plan 158

16. Mantenerse informado y educado 165

Recursos para el aprendizaje continuo ... 165

Siguiendo las tendencias del mercado ... 169

Parte VI: Aplicaciones del mundo real y estudios de casos 173

17. Generación de riqueza: la perspectiva de un adolescente 174

Consejos prácticos de sus compañeros .. 175

Equilibrando la inversión con la escuela y la vida 178

INTRODUCCIÓN

1. BIENVENIDO A INVERTIR PARA ADOLESCENTES

EL PODER DE LA INVERSIÓN TEMPRANA

Invertir a una edad temprana puede ser una de las decisiones financieras más poderosas que tome. He aquí por qué es importante la inversión temprana:

Magia de la capitalización : invertir temprano permite que su dinero se beneficie de la capitalización. La capitalización es el proceso en el que las ganancias de su inversión generan ganancias adicionales con el tiempo. Cuanto antes empiece a invertir, más tiempo tendrán sus inversiones para crecer exponencialmente.

Potencial de crecimiento a largo plazo : el tiempo está de su lado si invierte temprano. Incluso pequeñas cantidades invertidas regularmente pueden crecer significativamente durante varias décadas debido a la capitalización. Esto puede ayudarle a alcanzar objetivos financieros a largo plazo, como comprar una casa, financiar su educación o jubilarse cómodamente.

Aprender haciendo : comenzar a invertir temprano le brinda una valiosa experiencia práctica en la administración del dinero y la comprensión de los mercados financieros. Le permite aprender tanto de los éxitos como de los errores, desarrollando habilidades financieras esenciales que lo beneficiarán a lo largo de su vida.

Desarrollar la disciplina financiera : la inversión temprana fomenta hábitos disciplinados de ahorro e inversión. Inculca un sentido de responsabilidad y previsión en la gestión de las finanzas, sentando una base sólida para el éxito financiero futuro.

Aprovechar el riesgo : si bien invertir implica riesgos, comenzar temprano le permite asumir más riesgos y potencialmente obtener mayores rendimientos. A largo plazo, los altibajos del mercado tienden a promediarse, lo que proporciona un equilibrio riesgo-recompensa favorable para los inversores pacientes.

Investing for Teens tiene como objetivo brindarle el conocimiento y las herramientas necesarias para comenzar su viaje de inversión temprano y construir un futuro financiero sólido. Aproveche el poder de la inversión temprana y prepárese para la independencia y seguridad financiera en los años venideros.

¿POR QUÉ ESTE LIBRO?

Invertir para adolescentes no es simplemente otro libro sobre finanzas: es su puerta de entrada para comprender y dominar el mundo de la inversión a una edad temprana. He aquí por qué este libro es esencial para usted:

Diseñado para adolescentes : este libro está diseñado específicamente para adolescentes como usted que están ansiosos por aprender sobre administración del dinero, principios de inversión y creación de patrimonio. Desglosa conceptos financieros complejos en un lenguaje fácil de entender, lo que garantiza que comprenda las ideas fundamentales sin confusión.

Empoderamiento a través del conocimiento : la educación financiera es una habilidad fundamental de la que carecen muchos jóvenes. Investing for Teens le brinda conocimientos prácticos para tomar decisiones informadas sobre dinero, inversiones y planificación para su futuro. Le proporciona las herramientas necesarias para navegar con confianza en el panorama financiero.

Orientación práctica : ya sea que sea nuevo en el mundo de las inversiones o desee profundizar sus conocimientos, este libro proporciona orientación práctica sobre cómo establecer objetivos financieros, elegir inversiones, comprender el riesgo y mucho más. Incluye ejemplos, actividades y estrategias de la vida real que puede aplicar de inmediato para comenzar a generar riqueza.

Prepararse para el futuro : invertir temprano sienta las bases para el éxito financiero a largo plazo. Al aprender estos principios ahora, estará sentando las bases que lo beneficiarán en los años venideros. Este libro lo alienta a comenzar temprano, aprovechar el poder de la capitalización y tomar el control de su destino financiero.

Inspiración y motivación : a través de historias inspiradoras de jóvenes inversionistas y consejos prácticos de pares, Investing for Teens lo motiva a tomar medidas y comenzar su viaje inversor hoy mismo. Le muestra que la independencia y la seguridad financieras son objetivos alcanzables con el conocimiento y la mentalidad adecuados.

Invierte en tu futuro invirtiendo en tu educación financiera. Investing for Teens es su guía completa para dominar el arte de invertir y prepararse para una vida financieramente exitosa.

PARTE I: FUNDAMENTOS DE LA INVERSIÓN

2. ¿QUÉ ES INVERTIR?

DEFINICIÓN Y CONCEPTOS BÁSICOS

Invertir es el acto de comprometer dinero o capital en una empresa con la expectativa de obtener un ingreso o beneficio adicional. Implica comprar activos que usted cree que aumentarán de valor con el tiempo, generando rendimientos a través de dividendos, intereses o ganancias de capital. A continuación se ofrece una exploración de la definición y los conceptos básicos de la inversión:

Definición y conceptos básicos

La inversión gira en torno a la colocación de fondos en diversos activos o valores con el objetivo principal de generar rendimientos. Los aspectos clave incluyen:

Propósito : La inversión está impulsada por el objetivo de aumentar la riqueza o lograr objetivos financieros específicos, como financiar la educación, la planificación de la jubilación o generar ahorros.

Tipos de activos : las inversiones pueden abarcar una amplia gama de clases de activos, que incluyen:

Acciones : Propiedad de una empresa, con potencial de revalorización del capital y dividendos.

Bonos : Títulos de deuda emitidos por gobiernos o corporaciones, que proporcionan pagos regulares de intereses y reembolso del principal.

Fondos mutuos y ETF : fondos mancomunados que invierten en carteras diversificadas de acciones, bonos u otros activos, ofreciendo una exposición más amplia y una gestión profesional.

Riesgo y rendimiento : las inversiones conllevan diversos grados de riesgo y rendimiento potencial. Generalmente, las inversiones de mayor riesgo pueden ofrecer rendimientos potenciales más altos, pero también plantean mayores riesgos de pérdida.

Horizonte temporal : la duración que planea mantener las inversiones afecta la estrategia y la tolerancia al riesgo. Los horizontes temporales más largos permiten enfoques de inversión más agresivos y una posible combinación de rentabilidades.

Diversificación : distribuir las inversiones entre diferentes clases de activos y sectores ayuda a gestionar el riesgo al reducir la exposición a un solo activo o segmento de mercado.

Por qué es importante comprender las inversiones

Independencia financiera : invertir sabiamente puede conducir a la independencia y seguridad financiera, lo que le permitirá alcanzar objetivos a largo plazo y superar las incertidumbres económicas.

Cobertura contra la inflación : las inversiones a menudo superan la inflación, preservando el poder adquisitivo a lo largo del tiempo.

Generar riqueza : a largo plazo, la inversión disciplinada puede generar riqueza a través del crecimiento compuesto y la asignación estratégica de activos.

Comprender los fundamentos de la inversión es fundamental para tomar decisiones informadas, gestionar riesgos y optimizar la rentabilidad. Investing for Teens lo guía a través de estos fundamentos y lo equipa con el conocimiento y las habilidades para embarcarse en su viaje de inversión con confianza y claridad.

¿POR QUÉ INVERTIR TEMPRANO?

Invertir temprano en la vida ofrece numerosas ventajas que pueden impactar significativamente su futuro financiero. A continuación se presentan razones convincentes por las que es beneficioso comenzar a invertir temprano:

Aprovechar el poder de la capitalización : cuanto antes empiece a invertir, más tiempo tendrá su dinero para crecer mediante la capitalización. La capitalización permite que los rendimientos de su inversión generen ganancias, que se reinvierten para generar aún más ganancias con el tiempo. Este crecimiento exponencial puede conducir a una acumulación sustancial de riqueza a largo plazo.

Horizonte de tiempo más largo : comenzar temprano le brinda un horizonte de tiempo de inversión más largo. Este período extendido le permite capear las fluctuaciones del mercado a corto plazo y beneficiarse de la tendencia alcista general del mercado. También le permite realizar inversiones potencialmente de mayor riesgo y mayor rendimiento que pueden crecer significativamente durante décadas.

Desarrollar la disciplina financiera : invertir temprano inculca disciplina financiera y hábitos de administración responsable del dinero desde una edad temprana. Fomenta el ahorro y la inversión regulares, que son hábitos cruciales para lograr objetivos financieros y mantener la estabilidad financiera durante toda la vida.

Maximizar la rentabilidad : las inversiones tempranas tienen más tiempo para recuperarse de las caídas del mercado y capitalizar las subidas del mercado. Al permanecer invertido a largo plazo, puede suavizar la volatilidad y potencialmente lograr rendimientos promedio más altos en comparación con aquellos que retrasan la inversión.

Alcanzar objetivos financieros : invertir temprano lo encamina hacia el logro de objetivos financieros antes. Ya sea ahorrando para la universidad, comprando una casa o acumulando ahorros para la jubilación, comenzar temprano le permite acumular los fondos necesarios con el tiempo, lo que reduce la carga financiera en el futuro.

Aprovechando la juventud : Como inversor joven, tiene la ventaja del tiempo y la flexibilidad. Puede darse el lujo de correr más riesgos y recuperarse de posibles contratiempos. Comenzar temprano también le permite aprender de sus experiencias de inversión y adaptar su estrategia en consecuencia.

Vencer la inflación : invertir temprano le ayuda a combatir la inflación generando rendimientos que superan la tasa de inflación. Esto garantiza que su poder adquisitivo y su nivel de vida se preserven en el tiempo.

Investing for Teens lo alienta a aprovechar la oportunidad de invertir temprano. Al comprender estas ventajas y comenzar su recorrido inversor ahora, podrá sentar una base sólida para el éxito y la seguridad financieros a largo plazo.

3. ESTABLECER METAS FINANCIERAS

METAS A CORTO PLAZO VERSUS METAS A LARGO PLAZO

Establecer objetivos financieros es crucial para una gestión eficaz del dinero y lograr la independencia financiera. A continuación se explica cómo diferenciar entre objetivos a corto y largo plazo:

Metas a corto plazo

Los objetivos financieros a corto plazo suelen abarcar hasta un año. Se centran en necesidades y prioridades inmediatas, tales como:

Fondo de Emergencia : Crear un fondo para cubrir gastos inesperados como reparaciones de automóviles o facturas médicas.

Ahorro para una compra : Ahorro para un nuevo dispositivo, vacaciones o un evento especial.

Liquidación de deudas : liquidación de saldos de tarjetas de crédito o préstamos estudiantiles para reducir los pagos de intereses.

Los objetivos a corto plazo son concretos y normalmente requieren cantidades de dinero relativamente menores para alcanzarlos. Ayudan a crear estabilidad financiera y reducir el estrés financiero en el presente.

Metas a largo plazo

Los objetivos financieros a largo plazo se extienden más allá de un año y, a menudo, abarcan décadas. Se centran en lograr hitos importantes y asegurar el bienestar financiero futuro, tales como:

Planificación de la jubilación : creación de ahorros para la jubilación para mantener un estilo de vida cómodo después de retirarse del trabajo.

Financiamiento de la educación : ahorro para gastos de educación superior para usted o sus hijos.

Propiedad de vivienda : acumular fondos para el pago inicial de una vivienda o una inversión inmobiliaria.

Los objetivos a largo plazo requieren ahorros e inversiones constantes durante un período prolongado. Por lo general, implican sumas de dinero mayores y requieren una planificación y una estrategia cuidadosas para lograrlos.

Importancia del establecimiento de objetivos

Claridad y enfoque: establecer objetivos financieros específicos ayuda a aclarar sus prioridades y centrar sus esfuerzos en alcanzarlas.

Motivación : los objetivos brindan motivación para ahorrar e invertir con regularidad, especialmente cuando se realiza un seguimiento del progreso hacia su consecución.

Planificación financiera : el establecimiento de objetivos constituye la base de un plan financiero integral y guía las decisiones sobre presupuestación, ahorro e inversión.

Comprender la distinción entre metas a corto y largo plazo le permite priorizar sus objetivos financieros y asignar recursos de manera efectiva. Al establecer objetivos claros y alcanzables, puede allanar el camino hacia el éxito financiero y asegurarse de que su dinero funcione para usted tanto en el presente como en el futuro.

MARCO DE OBJETIVOS SMART

Establecer objetivos utilizando el marco SMART proporciona un enfoque estructurado para lograr el éxito financiero. SMART significa Específico, Medible, Alcanzable,

Relevante y Delimitado en el Tiempo. A continuación le mostramos cómo puede aplicar los criterios SMART para establecer objetivos financieros eficaces:

Específico

Haga que sus objetivos financieros sean claros y específicos. Defina exactamente lo que quiere lograr, incluida la cantidad de dinero involucrada, el plazo y el propósito. Por ejemplo:

Meta específica: Ahorrar $5,000 durante los próximos 12 meses para el pago inicial de un automóvil.

Mensurable

Asegúrese de que sus objetivos sean cuantificables y medibles. Esto le permite realizar un seguimiento del progreso y saber cuándo ha logrado su objetivo. Utilice números o hitos para medir el éxito. Por ejemplo:

Meta mensurable : Ahorre $400 por mes para alcanzar la meta de $5,000 dentro de 12 meses.

Realizable

Establezca metas que sean realistas y alcanzables según su situación financiera actual, sus recursos y su marco de tiempo. Considere factores como ingresos, gastos y cualquier otro compromiso financiero. Por ejemplo:

Meta alcanzable : Ahorre $400 por mes recortando gastos discrecionales y asignando ingresos adicionales de un trabajo a tiempo parcial.

Importante

Asegúrese de que sus objetivos financieros se alineen con su plan financiero general y sus objetivos a largo plazo. Las metas deben ser relevantes para sus valores y aspiraciones personales. Por ejemplo:

Meta relevante : Ahorrar para un automóvil se alinea con mis necesidades de transporte y respalda mis aspiraciones profesionales.

Limitados en el tiempo

Establece un plazo específico para lograr tus objetivos. Esto crea urgencia y le ayuda a mantenerse concentrado en lograr sus objetivos dentro de un período definido. Por ejemplo:

Meta con plazo determinado : ahorrar $5,000 para el pago inicial de un automóvil dentro de los próximos 12 meses.

Beneficios de utilizar el marco SMART

Claridad y enfoque : los objetivos claramente definidos brindan dirección y centran sus esfuerzos en lo más importante.

Motivación : los objetivos y plazos mensurables crean motivación para mantener el rumbo y alcanzar hitos.

Responsabilidad : los objetivos INTELIGENTES lo hacen responsable de su progreso, lo que le permite ajustar las estrategias si es necesario para alcanzar sus objetivos.

Al aplicar el marco SMART a sus objetivos financieros, podrá planificar, gestionar y alcanzar sus aspiraciones de forma eficaz. Investing for Teens enfatiza la importancia de establecer objetivos INTELIGENTES para desarrollar la disciplina financiera y allanar el camino hacia un futuro financiero seguro.

4. COMPRENDER EL DINERO Y LOS AHORROS

CONCEPTOS BÁSICOS DE PRESUPUESTACIÓN

La elaboración de presupuestos es una habilidad financiera fundamental que constituye la piedra angular de una gestión eficaz del dinero. Implica crear un plan sobre cómo gastará y ahorrará su dinero. Aquí hay un desglose de los conceptos básicos del presupuesto:

¿Qué es un presupuesto?

Un presupuesto es un plan financiero que describe sus ingresos y gastos durante un período específico, generalmente mensual. Le ayuda a asignar su dinero a necesidades esenciales, objetivos de ahorro y gastos discrecionales, mientras le garantiza vivir dentro de sus posibilidades.

Por qué es importante el presupuesto

Conciencia financiera : el presupuesto le brinda una idea clara de dónde va su dinero y le ayuda a realizar un seguimiento de sus hábitos de gasto. Promueve la atención plena sobre las decisiones financieras y previene el gasto excesivo.

Logro de objetivos financieros : al priorizar los ahorros y asignar fondos hacia objetivos específicos, como crear un fondo de emergencia o ahorrar para una compra importante, el presupuesto le ayuda a alcanzar objetivos financieros.

Gestión de la deuda : la elaboración de presupuestos le permite asignar fondos a estrategias de pago de la deuda, lo que le ayuda a reducir la deuda con el tiempo y mejorar su salud financiera general.

Preparación para emergencias : Tener un presupuesto le permite reservar fondos para gastos inesperados, lo que garantiza tener una red de seguridad financiera.

Cómo crear un presupuesto

Calcule sus ingresos : comience identificando todas las fuentes de ingresos, incluidos salarios, asignaciones o cualquier otra fuente de dinero que ingrese cada mes.

Enumere sus gastos : realice un seguimiento de sus gastos clasificándolos en gastos fijos (p. ej., alquiler, servicios públicos) y gastos variables (p. ej., comestibles, entretenimiento). Incluya los ahorros como categoría de gasto.

Establezca prioridades : asigne sus ingresos para cubrir primero los gastos esenciales, seguidos de los ahorros y los gastos discrecionales. Ajuste sus hábitos de gasto para alinearlos con sus objetivos financieros.

Supervise y ajuste : revise periódicamente su presupuesto para realizar un seguimiento de su progreso y realizar los ajustes necesarios. Ser flexible y adaptable a cambios en ingresos o gastos.

Beneficios de hacer un presupuesto

Control financiero : el presupuesto le brinda control sobre sus finanzas, lo que le permite tomar decisiones informadas sobre gastos y ahorros.

Logro de objetivos : le ayuda a priorizar y alcanzar objetivos financieros a corto y largo plazo, como ahorrar para la universidad o la jubilación.

Reducción del estrés : saber a dónde va su dinero y tener un plan en marcha reduce el estrés financiero y promueve la tranquilidad.

La elaboración de presupuestos es una habilidad fundamental que prepara el escenario para una gestión exitosa del dinero y la creación de riqueza. Si domina los conceptos básicos del presupuesto, podrá sentar una base financiera sólida y tomar decisiones financieras informadas a lo largo de su vida.

CREAR UN FONDO DE EMERGENCIA

Un fondo de emergencia es un componente crucial de la planificación financiera que proporciona una red de seguridad para gastos inesperados o dificultades financieras. Aquí hay una guía completa para crear y mantener un fondo de emergencia:

¿Qué es un Fondo de Emergencia?

Un fondo de emergencia es una cuenta de ahorros dedicada a cubrir emergencias financieras inesperadas o gastos imprevistos. Estos pueden incluir:

Emergencias Médicas : Facturas médicas inesperadas o gastos no cubiertos por el seguro.

Pérdida de empleo : Reemplazo de ingresos durante períodos de desempleo o pérdida inesperada de empleo.

Reparaciones de automóvil o hogar : reparaciones mayores o reemplazos de activos esenciales.

¿Por qué crear un fondo de emergencia?

Seguridad financiera : un fondo de emergencia brinda seguridad financiera y tranquilidad, sabiendo que tiene fondos disponibles para manejar gastos inesperados sin depender de tarjetas de crédito o préstamos.

Evitar deudas : tener un fondo de emergencia reduce la necesidad de pedir dinero prestado a altas tasas de interés para cubrir gastos imprevistos, lo que le ayuda a mantener la independencia financiera.

Flexibilidad y estabilidad : proporciona flexibilidad para administrar sus finanzas en tiempos de incertidumbre, como recesiones económicas o crisis personales.

¿Cuánto debería ahorrar?

Los expertos financieros generalmente recomiendan ahorrar entre tres y seis meses de gastos de manutención en su fondo de emergencia. Sin embargo, la cantidad adecuada puede variar según circunstancias individuales, como la estabilidad de ingresos, el tamaño de la familia y la seguridad laboral.

Consejos para crear un fondo de emergencia

Comience poco a poco : comience estableciendo objetivos de ahorro alcanzables, como ahorrar $500 o $1,000 inicialmente, y aumente gradualmente hasta cubrir los gastos de tres a seis meses.

Automatizar ahorros : configure transferencias automáticas desde su cheque de pago o cuenta corriente a su cuenta de ahorros de fondos de emergencia cada mes.

Priorice los ahorros : trate los ahorros de su fondo de emergencia como un gasto no negociable en su presupuesto, al igual que el alquiler o los servicios públicos.

Utilice las ganancias inesperadas con prudencia : dirija las ganancias inesperadas, como reembolsos de impuestos o bonificaciones, hacia su fondo de emergencia para acelerar los ahorros.

Mantener su fondo de emergencia

Revisión periódica : revise y ajuste periódicamente su objetivo de ahorro del fondo de emergencia en función de los cambios en su situación financiera o gastos de manutención.

Acceso a fondos : use su fondo de emergencia solo para verdaderas emergencias, no para gastos discrecionales o compras no esenciales.

Reponer según sea necesario : si necesita utilizar fondos de su fondo de emergencia, dé prioridad a reponerlos lo antes posible para mantener la seguridad financiera.

Beneficios de un fondo de emergencia

Resiliencia financiera : Proporciona un colchón financiero para manejar gastos inesperados y emergencias.

Reducción del estrés : alivia la ansiedad por la incertidumbre financiera y las facturas inesperadas.

Independencia financiera : reduce la dependencia del crédito y la deuda, lo que respalda la estabilidad financiera a largo plazo.

Crear y mantener un fondo de emergencia es un paso fundamental para lograr la seguridad y preparación financiera. Al priorizar los ahorros y establecer un fondo de emergencia sólido, puede salvaguardar su bienestar financiero y afrontar desafíos inesperados con confianza.

5. LA MAGIA DEL INTERÉS COMPUESTO

CÓMO FUNCIONA EL INTERÉS COMPUESTO

El interés compuesto es un concepto poderoso en finanzas que permite que su dinero crezca exponencialmente con el tiempo. Aquí hay una explicación clara de cómo funciona el interés compuesto y por qué es esencial para su futuro financiero:

Definición de interés compuesto

El interés compuesto es el interés calculado sobre el principal inicial y también sobre los intereses acumulados de períodos anteriores. En términos simples, significa ganar intereses sobre intereses. Este efecto compuesto acelera el crecimiento de sus inversiones con el tiempo.

Componentes clave del interés compuesto

Principal: La cantidad inicial de dinero invertida o depositada.

Tasa de interés : La tasa porcentual a la que se aplica el interés al monto principal.

Tiempo : La duración durante la cual se invierte o se toma prestado el dinero.

Ejemplo de interés compuesto

Ilustremos el interés compuesto con un ejemplo:

Inversión inicial : Inviertes $1000 en una cuenta de ahorros con una tasa de interés anual del 5%.

Año 1 : Al final del primer año, su inversión crece un 5%, ganando $50 en intereses. El monto total en su cuenta es ahora de $1,050.

Año 2 : En el segundo año, su interés del 5% se calcula no sólo sobre los $1,000 iniciales sino también sobre los $50 adicionales ganados en el primer año. Ganas $52,50 en intereses ($1050 * 5%). El monto total en su cuenta ahora es $1,102.50.

Beneficios del interés compuesto

Crecimiento exponencial : el interés compuesto permite que sus inversiones crezcan exponencialmente con el tiempo, especialmente con un horizonte de inversión más largo.

Ingresos pasivos : a medida que sus inversiones se acumulan, generan ingresos pasivos a través de intereses, dividendos o ganancias de capital sin requerir un esfuerzo adicional por su parte.

Acumulación de riqueza : comenzar a invertir temprano y permitir que el interés compuesto funcione durante décadas puede conducir a una importante acumulación de riqueza e independencia financiera.

Estrategias para maximizar el interés compuesto

Comience temprano : cuanto antes comience a invertir, más tiempo tendrá su dinero para acumularse y crecer.

Contribuciones consistentes : Contribuya regularmente a sus inversiones para maximizar el efecto del interés compuesto.

Reinvierta las ganancias : reinvierta dividendos, intereses o ganancias de capital para aumentar sus rendimientos con el tiempo.

Comprender cómo funciona el interés compuesto le permite tomar decisiones financieras informadas y aprovechar sus beneficios para la acumulación de riqueza a largo plazo. Al aprovechar el poder del interés compuesto a través de inversiones estratégicas y ahorros consistentes, puede construir una base financiera sólida y alcanzar sus objetivos financieros de manera más efectiva.

EJEMPLOS

A continuación se muestran algunos escenarios para demostrar cómo funciona el interés compuesto:

Ejemplo 1: Ahorros para la jubilación

Imagine a dos personas, Alex y Beth, que comienzan a invertir para la jubilación a los

25 años. Cada uno contribuye con 5.000 dólares anuales a sus cuentas de jubilación, que obtienen un rendimiento anual promedio del 7%. Así es como sus ahorros para la jubilación crecen con el tiempo debido al interés compuesto:

Alex : Comienza a invertir a los 25 años y continúa hasta los 65. Cuando Alex llega a la edad de jubilación, el crecimiento compuesto de sus inversiones da como resultado un fondo de jubilación sustancial.

Beth : Retrasa la inversión hasta los 35 años y aporta la misma cantidad anualmente hasta los 65 años. A pesar de contribuir la misma cantidad que Alex, el fondo de jubilación de Beth es significativamente más pequeño debido al menor tiempo que tuvieron sus inversiones para capitalizar.

Ejemplo 2: Ahorros para educación universitaria

Consideremos a una madre, Sarah, que comienza a ahorrar para la educación universitaria de su hijo cuando éste nace. Sarah invierte $2000 anualmente en una cuenta de ahorros para la universidad con un rendimiento anual promedio del 6%. Para cuando su hijo cumpla 18 años y esté listo para la universidad, la inversión habrá aumentado significativamente debido al interés compuesto.

Ejemplo 3: Crecimiento de la cartera de inversiones

Un inversionista, John, comienza con una inversión inicial de $10 000 en una cartera diversificada de acciones y bonos. Durante los próximos 20 años, la cartera obtendrá un rendimiento anual promedio del 8%. La inversión inicial crece sustancialmente gracias al poder del interés compuesto, lo que demuestra los beneficios a largo plazo de la inversión estratégica.

Beneficios de los ejemplos de la vida real

Visualización : los ejemplos de la vida real hacen que el concepto de interés compuesto sea tangible y más fácil de comprender.

Motivación : ver el crecimiento potencial de las inversiones a lo largo del tiempo anima a las personas a empezar a invertir de forma temprana y constante.

Planificación a largo plazo : los ejemplos de la vida real enfatizan la importancia de la planificación a largo plazo y el impacto del tiempo en el crecimiento de la inversión.

Los ejemplos de la vida real de interés compuesto ilustran su potencial para mejorar significativamente la acumulación de riqueza con el tiempo. Al comenzar a invertir temprano, hacer contribuciones constantes y permitir que las inversiones se capitalicen a largo plazo, las personas pueden alcanzar objetivos financieros, como ahorros para la jubilación, financiación de la educación y acumulación de riqueza. Comprender y aprovechar el interés compuesto es esencial para construir un futuro financiero seguro y lograr el éxito financiero a largo plazo.

PARTE II: PRIMEROS PASOS CON LA INVERSIÓN

6. DIFERENTES TIPOS DE INVERSIONES

ACCIONES, BONOS Y FONDOS MUTUOS

6 tipos diferentes de inversiones

La inversión ofrece una variedad de clases de activos, cada una con sus propias características y rendimientos potenciales. Comprender este tipo de inversiones es crucial para construir una cartera diversificada. A continuación se ofrece una descripción general de tres tipos principales:

Acciones, bonos y fondos mutuos

Cepo

Definición : Las acciones representan la propiedad de una

compañía. Cuando compra acciones, se convierte en accionista y tiene participación en las pérdidas y ganancias de la empresa.

Riesgo y rendimiento : las acciones generalmente ofrecen rendimientos potenciales más altos, pero conllevan un mayor riesgo debido a la volatilidad del mercado. Pueden generar ingresos a través de dividendos y ganancias de capital si el precio de las acciones aumenta.

Estrategia de inversión : los inversores suelen comprar acciones en función del rendimiento de la empresa, las tendencias de la industria y el potencial de crecimiento. Los inversores a largo plazo pueden mantener acciones para beneficiarse de los rendimientos compuestos y la apreciación del mercado.

Cautiverio

Definición : Los bonos son títulos de deuda emitidos por gobiernos o corporaciones para obtener capital. Cuando compra bonos, presta dinero al emisor a cambio de pagos periódicos de intereses y el reembolso del monto principal al vencimiento.

Riesgo y rendimiento : los bonos generalmente se consideran inversiones de menor riesgo en comparación con las acciones. Ofrecen rendimientos de renta fija a través de pagos regulares de intereses y la devolución del principal al vencimiento.

Estrategia de inversión : los inversores eligen bonos en función de la calidad crediticia, las tasas de interés y las fechas de vencimiento. Los bonos pueden proporcionar estabilidad y generación de ingresos dentro de una cartera de inversiones.

Los fondos de inversión

Definición : Los fondos mutuos reúnen dinero de múltiples inversores para invertir en una cartera diversificada de acciones, bonos u otros activos administrados por administradores de fondos profesionales.

Riesgo y rendimiento : los fondos mutuos ofrecen diversificación en múltiples valores, lo que reduce el riesgo de inversión individual. Proporcionan rendimientos potenciales a través de la apreciación del capital y la distribución de ingresos (dividendos o intereses).

Estrategia de inversión : los inversores seleccionan fondos mutuos en función de los objetivos de inversión, la tolerancia al riesgo y los objetivos del fondo (por ejemplo, crecimiento, ingresos, equilibrio). Los fondos mutuos son adecuados para inversores que buscan diversificación y gestión profesional.

Consideraciones para inversores

Tolerancia al riesgo : comprender su tolerancia al riesgo ayuda a determinar la combinación de acciones, bonos y fondos mutuos que se alinean con sus objetivos financieros y su nivel de comodidad.

Diversificación : crear una cartera diversificada en todas las clases de activos puede mitigar el riesgo y optimizar los rendimientos potenciales a lo largo del tiempo.

Horizonte de inversión : su horizonte temporal de inversión (a corto plazo frente a largo plazo) influye en la asignación de activos y la selección de la estrategia de inversión.

Las acciones, los bonos y los fondos mutuos son inversiones fundamentales que ofrecen características y beneficios distintos. Al comprender estos tipos de inversiones y sus funciones en una cartera, podrá crear una estrategia de inversión equilibrada y diversificada adaptada a sus objetivos financieros, tolerancia al riesgo y horizonte de inversión. Investing for Teens lo guía a través del proceso de selección y administración de inversiones de manera efectiva para lograr el éxito financiero a largo plazo.

FONDOS COTIZADOS EN BOLSA (ETF)

Los fondos cotizados en bolsa (ETF) han ganado popularidad entre los inversores por sus características y beneficios únicos. A continuación se ofrece una descripción general completa de los ETF:

Definición de ETF

Estructura: Los ETF son fondos de inversión que se negocian en bolsas de valores, similares a las acciones. Poseen activos como acciones, bonos, materias primas o una combinación de ellos.

Propiedad : cuando invierte en un ETF, posee acciones del fondo, que representan un interés proporcional en los activos subyacentes que posee el ETF.

Características clave de los ETF

Diversificación : los ETF ofrecen diversificación instantánea al mantener una canasta de valores dentro de un solo fondo. Esta diversificación ayuda a distribuir el riesgo entre múltiples activos.

Liquidez : las acciones de ETF se pueden comprar y vender durante todo el día de negociación en las bolsas de valores, lo que proporciona liquidez y flexibilidad a los inversores.

Bajos costos : los ETF suelen tener índices de gastos más bajos en comparación con los fondos mutuos, lo que los convierte en opciones de inversión rentables para inversores a largo plazo.

Transparencia : los ETF divulgan sus tenencias diariamente, lo que permite a los inversores ver los activos contenidos en el fondo y tomar decisiones de inversión informadas.

Tipos de ETF

ETF de acciones : estos ETF invierten en acciones de empresas dentro de un índice de mercado específico (por ejemplo, S&P 500), sector (por ejemplo, tecnología) o región geográfica (por ejemplo, mercados emergentes).

ETF de bonos : los ETF de bonos invierten en valores de renta fija, como bonos gubernamentales, bonos corporativos o bonos municipales. Proporcionan ingresos a través del pago de intereses.

ETF de materias primas : estos ETF rastrean los movimientos de precios de materias primas como oro, plata, petróleo o productos agrícolas. Ofrecen exposición a los mercados de productos básicos sin poseer activos físicos.

ETF sectoriales e industriales : los ETF sectoriales se centran en sectores específicos de la economía (por ejemplo, atención médica, energía) o industrias (por ejemplo, tecnología, servicios financieros).

Ventajas de los ETF

Diversificación : los ETF ofrecen una amplia diversificación dentro de una única inversión, lo que reduce el riesgo de acciones o sectores individuales.

Accesibilidad : los ETF se pueden negociar como acciones, haciéndolos accesibles a inversores individuales a través de cuentas de corretaje.

Eficiencia de costos : los índices de gastos más bajos en comparación con los fondos mutuos reducen los costos de inversión con el tiempo, lo que mejora la rentabilidad general.

Consideraciones para inversores

Perfil de riesgo : comprenda el riesgo asociado con los activos subyacentes mantenidos por el ETF y asegúrese de que se alinee con su tolerancia al riesgo.

Objetivos de inversión : elija ETF que se alineen con sus objetivos de inversión, ya sea crecimiento a largo plazo, generación de ingresos o exposición a un sector específico.

Error de seguimiento : evalúe la capacidad del ETF para realizar un seguimiento preciso de su índice o activos subyacentes para minimizar los errores de seguimiento.

Los fondos cotizados en bolsa (ETF) ofrecen a los inversores una forma flexible y rentable de obtener exposición a carteras diversificadas de activos. Al comprender la estructura, los beneficios y los tipos de ETF disponibles, puede incorporar estos vehículos de inversión a su cartera para lograr la diversificación, gestionar el riesgo y perseguir sus objetivos financieros de manera eficaz. Investing for Teens presenta los ETF como una valiosa opción de inversión y enfatiza su papel en la construcción de una estrategia de inversión diversificada para el éxito financiero a largo plazo.

BIENES RAÍCES Y MÁS

Invertir en bienes raíces y otras inversiones alternativas brinda oportunidades de diversificación y generación de ingresos más allá de las acciones y bonos tradicionales. A continuación se ofrece una descripción general de bienes raíces y otras opciones de inversión alternativas:

Inversiones inmobiliarias

Definición : Las inversiones inmobiliarias implican comprar, poseer y administrar propiedades con la expectativa de generar ingresos o apreciación con el tiempo.

Tipos de Inversiones Inmobiliarias:

Propiedades de alquiler : propiedad de propiedades residenciales o comerciales para generar ingresos por alquiler.

Fideicomisos de inversión en bienes raíces (REIT): empresas que cotizan en bolsa y que poseen, operan o financian bienes raíces que generan ingresos.

Crowdfunding inmobiliario : Invertir en proyectos inmobiliarios o propiedades a través de plataformas online, muchas veces con mínimos de inversión más bajos.

Beneficios:

Generación de ingresos : las propiedades de alquiler y los REIT proporcionan ingresos regulares a través de pagos de alquiler o dividendos.

Apreciación : Los valores inmobiliarios pueden apreciarse con el tiempo, aumentando el valor de su inversión.

Diversificación : el sector inmobiliario ofrece beneficios de diversificación, ya que su desempeño puede no correlacionarse con los mercados financieros tradicionales.

Consideraciones:

Liquidez : las inversiones inmobiliarias pueden ser menos líquidas en comparación con las acciones o los bonos, ya que pueden tardar en venderse.

Mantenimiento y gestión : la propiedad directa de propiedades requiere responsabilidades continuas de mantenimiento y gestión.

Riesgos de mercado : Los mercados inmobiliarios pueden verse influenciados por las condiciones económicas, las tasas de interés y la dinámica del mercado local.

Otras inversiones alternativas

Materias primas : Inversiones en bienes físicos como oro, plata, petróleo o productos agrícolas.

Private Equity : Inversiones en empresas privadas o emprendimientos que no cotizan en bolsas de valores públicas.

Fondos de cobertura : fondos de inversión que emplean diversas estrategias para generar rendimientos, a menudo con mayor riesgo y posible recompensa.

Capital de riesgo : invertir en empresas en etapa inicial con alto potencial de crecimiento a cambio de propiedad accionaria.

Beneficios:

Diversificación : las inversiones alternativas pueden proporcionar beneficios de diversificación al distribuir el riesgo entre diferentes clases de activos.

Rentabilidad potencial : algunas inversiones alternativas ofrecen rentabilidades potenciales más altas que los activos tradicionales.

Cobertura contra la inflación: las materias primas y los activos reales pueden actuar como cobertura contra las presiones inflacionarias.

Consideraciones:

Perfil de riesgo : las inversiones alternativas a menudo conllevan mayores riesgos debido a una menor regulación, volatilidad del mercado o falta de liquidez.

Complejidad : Comprender y evaluar inversiones alternativas puede requerir conocimientos especializados o asesoramiento profesional.

Horizonte de inversión : las inversiones alternativas pueden tener horizontes de inversión o períodos de bloqueo más largos en comparación con los activos tradicionales.

Diversificar su cartera de inversiones con bienes raíces e inversiones alternativas puede mejorar los rendimientos potenciales y mitigar el riesgo mediante la exposición a diferentes clases de activos. Al comprender las características, los beneficios y las consideraciones de los bienes raíces, las materias primas, el capital privado y otras inversiones alternativas, puede crear una estrategia de inversión integral que se alinee con sus objetivos financieros y su tolerancia al riesgo. Investing for Teens presenta estas opciones de inversión y destaca su papel en la creación de una cartera diversificada para el crecimiento y la estabilidad financieros a largo plazo.

7. CÓMO ELEGIR SUS INVERSIONES

TOLERANCIA AL RIESGO Y DIVERSIFICACIÓN

Elegir las inversiones adecuadas implica considerar varios factores, como la tolerancia al riesgo, las estrategias de diversificación y los objetivos de inversión específicos. Esta sección explora consideraciones y estrategias clave para ayudar a los adolescentes a tomar decisiones de inversión informadas.

Comprender la tolerancia al riesgo

La tolerancia al riesgo se refiere a su capacidad y voluntad para soportar las fluctuaciones en el valor de sus inversiones.

Está influenciado por factores como la edad, los objetivos financieros, el horizonte de inversión y la comodidad personal con la volatilidad del mercado.

Evaluación de la tolerancia al riesgo : determine su tolerancia al riesgo evaluando qué tan cómodo se siente con la posibilidad de sufrir pérdidas en sus inversiones. Considere su estabilidad financiera, experiencia en inversiones y respuesta emocional a las fluctuaciones del mercado.

Categorías de riesgo:

Conservador : Prefiere inversiones con menor riesgo y potencial de rendimiento estable y modesto. Prioriza la preservación del capital sobre el crecimiento.

Moderado : Acepta cierto nivel de riesgo para obtener mayores rendimientos potenciales, equilibrado con estabilidad y generación de ingresos.

Agresivo : dispuesto a asumir riesgos significativos para obtener rendimientos potencialmente mayores, centrándose en el crecimiento en lugar de la estabilidad.

Impacto en las opciones de inversión : su tolerancia al riesgo influye en los tipos de inversiones que elija. Los inversores conservadores pueden favorecer los bonos o las acciones que pagan dividendos, mientras que los inversores agresivos pueden inclinarse por acciones de crecimiento o inversiones alternativas.

Importancia de la diversificación

La diversificación es una estrategia que distribuye el riesgo de inversión entre diferentes clases de activos, industrias o regiones geográficas. Su objetivo es minimizar el impacto de la volatilidad del mercado en su cartera y optimizar los rendimientos potenciales.

Beneficios de la diversificación:

Reducción de riesgos : diversificar sus inversiones reduce el riesgo de pérdidas significativas de un solo activo o sector de mercado.

Potencial de crecimiento : al invertir en diferentes clases de activos, puede aprovechar oportunidades en diversas condiciones y sectores del mercado.

Rentabilidades estables : la diversificación puede suavizar el rendimiento de la cartera a lo largo del tiempo, equilibrando los altibajos de las inversiones individuales.

Estrategias de diversificación :

Asignación de activos : asigne sus inversiones entre clases de activos, como acciones, bonos, bienes raíces y equivalentes de efectivo, según su tolerancia al riesgo y sus objetivos de inversión.

Diversificación del sector y la industria : Distribuir las inversiones entre diferentes sectores (por ejemplo, tecnología, atención médica) para reducir el riesgo específico del sector.

Diversificación internacional : considere invertir en mercados globales para beneficiarse de la diversificación geográfica y la exposición a diferentes economías.

ESTRATEGIAS DE INVERSIÓN PARA ADOLESCENTES

Estrategias de crecimiento a largo plazo

Los adolescentes tienen la ventaja del tiempo cuando se trata de invertir, lo que les permite seguir estrategias de crecimiento a largo plazo que capitalizan los rendimientos compuestos y la apreciación del mercado.

Comenzar temprano : comience a invertir temprano para aprovechar el poder del interés compuesto a lo largo del tiempo. Incluso las contribuciones pequeñas pueden crecer significativamente con décadas de crecimiento compuesto.

Centrarse en la calidad : invierta en empresas de alta calidad con fundamentos sólidos, crecimiento constante de las ganancias y ventajas competitivas en sus industrias.

Promedio de costo en dólares : Invierta una cantidad fija regularmente (por ejemplo, mensual o trimestralmente) independientemente de las condiciones del mercado. Esta estrategia ayuda a suavizar el impacto de la volatilidad del mercado y potencialmente reducir los costos promedio por acción con el tiempo.

Enfoque de cartera diversificada

Crear una cartera diversificada adaptada a su tolerancia al riesgo y sus objetivos de inversión es esencial para el éxito a largo plazo en la inversión.

Combinación de clases de activos : asigne inversiones entre acciones, bonos, ETF e inversiones potencialmente alternativas para lograr la diversificación y equilibrar el riesgo.

Reequilibrio : revise y reequilibre periódicamente su cartera para mantener los porcentajes de asignación de activos deseados y ajustarse a las condiciones cambiantes del mercado o los objetivos de inversión.

Educación e investigación

Aprendizaje continuo : manténgase informado sobre los mercados financieros, las estrategias de inversión y las tendencias económicas a través de fuentes, libros y materiales educativos acreditados.

Búsqueda de orientación : considere consultar con un asesor financiero o mentor para obtener información, perfeccionar su estrategia de inversión y tomar decisiones informadas alineadas con sus objetivos.

Elegir inversiones implica comprender su tolerancia al riesgo, implementar estrategias de diversificación y seleccionar vehículos de inversión que se alineen con sus objetivos financieros y su horizonte temporal. Para los adolescentes, centrarse en el crecimiento a largo plazo, diversificar entre clases de activos y mantener un enfoque disciplinado en la inversión puede sentar las bases para la independencia financiera y la acumulación de riqueza con el tiempo. Al aplicar estos principios, los adolescentes pueden afrontar las complejidades de la inversión con confianza y crear una cartera diversificada que respalde sus aspiraciones financieras futuras.

8. ABRIR SU PRIMERA CUENTA DE INVERSIÓN

TIPOS DE CUENTAS (CORRETAJE, ROTH IRA, ETC.)

Abrir su primera cuenta de inversión es un paso importante para lograr sus objetivos financieros y generar riqueza. Esta sección proporciona una descripción general de los diferentes tipos de cuentas de inversión y una guía paso a paso para configurar su cuenta.

Cuentas de corretaje

Definición : una cuenta de corretaje es un tipo de cuenta de inversión que le permite comprar y vender diversas inversiones, como acciones, bonos, fondos mutuos, ETF y más.

Características:

Flexibilidad : tiene la flexibilidad de elegir entre una amplia gama de opciones de inversión según sus objetivos financieros y su tolerancia al riesgo.

Negociación : puede negociar activamente inversiones, monitorear el desempeño del mercado y ajustar su cartera según sea necesario.

Costos : las cuentas de corretaje pueden cobrar comisiones o tarifas por las operaciones, así que compare los costos entre diferentes firmas de corretaje.

Roth IRA (Cuenta de jubilación individual)

Definición : Una Roth IRA es una cuenta de ahorros para la jubilación que ofrece un crecimiento libre de impuestos para sus inversiones. Las contribuciones se realizan con dólares después de impuestos y los retiros durante la jubilación suelen estar libres de impuestos, sujetos a ciertas condiciones.

Características:

Ventajas fiscales : las inversiones crecen libres de impuestos y los retiros calificados durante la jubilación están libres de impuestos.

Límites de contribución : los límites de contribución se aplican según los niveles de ingresos y la edad, con límites de contribución anual establecidos por el IRS.

Flexibilidad : si bien están diseñadas para ahorros para la jubilación, las Roth IRA permiten retiros de contribuciones (no ganancias) sin penalizaciones antes de la edad de jubilación para ciertos fines.

IRA tradicional

Definición : Una IRA tradicional es otro tipo de cuenta de ahorro para la jubilación que ofrece crecimiento con impuestos diferidos en las inversiones. Las contribuciones pueden ser deducibles de impuestos y, por lo general, los impuestos se difieren hasta que se realizan retiros durante la jubilación.

Características:

Deducibilidad de impuestos : las contribuciones pueden ser deducibles de impuestos según los niveles de ingresos y si usted o su cónyuge están cubiertos por un plan de jubilación patrocinado por el empleador.

Distribuciones mínimas requeridas (RMD): a partir de los 72 años, debe tomar RMD de una IRA tradicional, que están sujetas a impuestos como ingresos ordinarios.

Sanciones por retiro anticipado : Los retiros antes de los 59 años y medio pueden generar impuestos y multas, salvo ciertas excepciones.

GUÍA PASO A PASO PARA LA CONFIGURACIÓN

1. Determine sus objetivos de inversión

Defina objetivos : aclare sus objetivos financieros, ya sea ahorrar para la jubilación, generar patrimonio o alcanzar hitos financieros específicos.

2. Investigue y elija un tipo de cuenta adecuado

Evalúe las opciones : considere su tolerancia al riesgo, cronograma de inversión y consideraciones fiscales al elegir entre cuentas de corretaje, Roth IRA, IRA tradicionales u otros tipos de cuentas.

3. Seleccione una institución financiera

Compare proveedores : busque firmas de corretaje, bancos o instituciones financieras acreditadas que ofrezcan el tipo de cuenta de inversión que ha elegido.

4. Reúna los documentos necesarios

Identificación : Prepare documentos de identificación personal como licencia de conducir o pasaporte.

Información fiscal : proporcione números de identificación fiscal o números de seguro social para fines de declaración de impuestos.

5. Complete la solicitud de cuenta

Complete formularios : complete la solicitud de cuenta proporcionada por la institución financiera de su elección.

Deposite fondos en su cuenta : Deposite fondos en su cuenta, ya sea mediante transferencia electrónica, depósito de cheque o transferencia desde otra cuenta calificada.

6. Revisar y confirmar la configuración de la cuenta

Verificar detalles : revise los términos de la cuenta, las tarifas y las opciones de inversión antes de finalizar la configuración de su cuenta.

Confirmar depósito : asegúrese de que su depósito inicial se reciba y se acredite en su cuenta.

7. Empiece a invertir

Elija inversiones : seleccione inversiones específicas según su estrategia de inversión y preferencias de asignación de activos.

Supervise su cartera : revise periódicamente sus inversiones, realice un seguimiento del rendimiento y realice los ajustes necesarios para mantenerse al día con sus objetivos financieros.

Abrir su primera cuenta de inversión implica comprender los diferentes tipos de cuentas, evaluar sus objetivos de inversión y tolerancia al riesgo y seguir un proceso paso a paso para configurar su cuenta. Ya sea que elija una cuenta de corretaje, una Roth IRA, una IRA tradicional u otro vehículo de inversión, comenzar temprano e invertir de manera constante puede generar crecimiento financiero y acumulación de riqueza a largo plazo. Si sigue estos pasos y se mantiene informado sobre las opciones y estrategias de inversión, podrá comenzar a crear una cartera diversificada que se alinee con sus aspiraciones financieras y lo prepare para el éxito financiero futuro.

PARTE III: INVERTIR EN EL MERCADO DE VALORES

9. COMPRENDER EL MERCADO DE VALORES

CÓMO FUNCIONAN LAS ACCIONES

Comprender el mercado de valores es esencial para los inversores que buscan participar en inversiones de capital. Esta sección proporciona información sobre cómo funcionan las acciones, términos clave y conceptos relacionados con el mercado de valores.

Definición y conceptos básicos

Acciones : Las acciones, también conocidas como participaciones o acciones, representan la propiedad de una empresa. Cuando compra una acción, se convierte en accionista y posee una parte de los activos y ganancias de la empresa.

Mercado primario : las empresas emiten acciones a través de ofertas públicas iniciales (IPO) para obtener capital de los inversores.

Mercado Secundario : Después de la IPO, las acciones se negocian en bolsas de valores como la Bolsa de Nueva York (NYSE) o el NASDAQ, donde los inversores compran y venden acciones entre ellos.

Propiedad de acciones

Derechos y beneficios : los accionistas tienen derecho a voto en las decisiones corporativas, como la elección de miembros de la junta directiva y la aprobación de las principales políticas de la empresa.

Dividendos : algunas empresas distribuyen una parte de sus ganancias a los accionistas en forma de dividendos, lo que proporciona un flujo de ingresos regular.

Movimiento del precio de las acciones

Oferta y demanda : los precios de las acciones fluctúan según la dinámica de la oferta y la demanda en el mercado.

Fuerzas del mercado : los factores que influyen en los precios de las acciones incluyen el desempeño de la empresa, las condiciones económicas, las tendencias de la industria y el sentimiento de los inversores.

Riesgos y recompensas

Potencial de crecimiento : las acciones ofrecen el potencial de apreciación del capital a medida que aumentan las ganancias de las empresas y aumentan los precios de las acciones.

Riesgo de pérdida : las acciones están sujetas a la volatilidad del mercado y los precios pueden bajar debido a varios factores, incluidas recesiones económicas o problemas específicos de la empresa.

TÉRMINOS Y CONCEPTOS CLAVE

Índices de mercado

Definición : Los índices de mercado, como el S&P 500 o el Dow Jones Industrial Average

(DJIA), miden el desempeño de un grupo específico de acciones o del mercado de valores en general.

Evaluación comparativa : los inversores utilizan índices como puntos de referencia para evaluar el rendimiento de la cartera frente al mercado en general.

Bolsa

Definición: Una bolsa de valores es un mercado donde se compran y venden acciones y otros valores.

Funciones : Las bolsas de valores brindan liquidez, transparencia de precios y una plataforma para que las empresas obtengan capital a través de ofertas públicas.

Órdenes de mercado frente a órdenes limitadas

Órdenes de mercado : una orden de mercado indica a un corredor que compre o venda una acción al precio de mercado actual, lo que garantiza la ejecución pero no la certeza del precio.

Órdenes limitadas : una orden limitada especifica un precio al que comprar o vender una acción. Garantiza la certeza del precio pero no garantiza la ejecución si el precio de mercado no alcanza el límite especificado.

Mercados alcistas versus bajistas

Mercado alcista : Un mercado alcista se caracteriza por el aumento de los precios de las acciones y el optimismo de los inversores sobre el crecimiento económico futuro.

Mercado bajista : Un mercado bajista se refiere a la caída de los precios de las acciones y al pesimismo de los inversores, a menudo acompañado de una recesión o desaceleración económica.

Comprender cómo funcionan las acciones y familiarizarse con los términos y conceptos clave del mercado de valores son fundamentales para los inversores que buscan generar riqueza a través de inversiones en acciones. Al comprender los conceptos básicos de la propiedad de acciones, los movimientos de precios, los índices de mercado, las órdenes comerciales y los ciclos del mercado, los inversores pueden tomar decisiones informadas, gestionar los riesgos de forma eficaz y aprovechar las oportunidades en el dinámico mundo de la inversión en el mercado de valores. Educarse continuamente y mantenerse informado sobre las tendencias y desarrollos del mercado le permitirá navegar por las complejidades del mercado de valores y alcanzar sus objetivos financieros a largo plazo.

10. CÓMO COMPRAR Y VENDER ACCIONES

PLATAFORMAS COMERCIALES PARA ADOLESCENTES

Comprar y vender acciones es un aspecto fundamental de la inversión en bolsa. Esta sección proporciona orientación sobre plataformas comerciales para adolescentes y el proceso paso a paso para realizar su primera operación bursátil.

Definición y características

Plataformas de negociación : las plataformas de negociación son aplicaciones de software proporcionadas por empresas de corretaje que permiten a los inversores comprar y vender acciones, ETF y otros valores.

Características : Las características clave de las plataformas comerciales para adolescentes pueden incluir:

Interfaz fácil de usar : plataformas intuitivas diseñadas para facilitar su uso, adecuadas para principiantes.

Recursos educativos : acceso a materiales educativos, tutoriales y herramientas para ayudar a los adolescentes a aprender sobre inversiones.

Gestión de cuentas : funciones para gestionar cuentas, realizar un seguimiento de las inversiones y supervisar el rendimiento de la cartera.

Ejemplos de plataformas comerciales

Robinhood : conocido por su interfaz fácil de usar y su negociación sin comisiones de acciones, ETF, opciones y criptomonedas.

Bellotas : ofrece funciones de inversión y redondeo automatizadas para ahorrar e invertir fácilmente en carteras diversificadas.

Webull : proporciona herramientas comerciales avanzadas, datos de mercado en tiempo real y negociación de acciones y ETF sin comisiones.

Thinkorswim de TD Ameritrade : ofrece una plataforma comercial integral con herramientas de gráficos avanzadas, investigación y recursos educativos.

REALIZAR SU PRIMERA OPERACIÓN

Guía paso por paso

Seleccione su plataforma de negociación:

Elija una plataforma comercial que se adapte a sus necesidades y preferencias. Considere factores como tarifas, funciones e inversiones disponibles.

Abra y deposite fondos en su cuenta :

Complete el proceso de apertura de cuenta, incluido el suministro de información personal y la financiación de su cuenta con un depósito inicial.

Investigue y elija una acción:

Realice investigaciones sobre acciones utilizando las herramientas de investigación, los datos de mercado y los recursos educativos de la plataforma.

Considere factores como el desempeño de la empresa, la salud financiera, las tendencias de la industria y las calificaciones de los analistas.

Realizar un pedido:

Navegue a la sección de negociación de la plataforma y seleccione "Comprar" o "Negociar" para las acciones que desea comprar.

Ingrese la cantidad de acciones que desea comprar y especifique si es una orden de mercado o una orden limitada.

Revisar los detalles del pedido :

Revise los detalles del pedido, incluido el símbolo de la acción, la cantidad, el precio y el costo total.

Confirme que toda la información sea precisa antes de enviar su pedido.

Supervise y administre su comercio :

Después de realizar su operación, supervise la ejecución de su orden y realice un seguimiento de la acción.

rendimiento de su cartera.

Considere establecer alertas u órdenes de limitación de pérdidas para gestionar el riesgo y proteger sus inversiones.

Consejos para operar con éxito

Empiece poco a poco : comience con una pequeña inversión para ganar experiencia y confianza en el trading.

Diversificar : Evite poner todos sus fondos en una sola acción. Diversifique sus inversiones en diferentes acciones o clases de activos para gestionar el riesgo.

Infórmese : aprenda continuamente sobre estrategias de inversión, tendencias del mercado y conceptos financieros para tomar decisiones informadas.

Comprar y vender acciones a través de plataformas comerciales permite a los adolescentes participar en el mercado de valores y comenzar a generar riqueza a una edad temprana. Al elegir una plataforma comercial adecuada, realizar una investigación exhaustiva y seguir un enfoque estructurado para realizar operaciones, los adolescentes pueden desarrollar habilidades de inversión esenciales y sentar las bases para el éxito financiero a largo plazo. Utilizar recursos educativos, mantenerse informado sobre la evolución del mercado y practicar hábitos de inversión disciplinados contribuirá a crear una cartera diversificada y alcanzar objetivos financieros a lo largo del tiempo.

11. LECTURA DE GRÁFICOS DE ACCIONES Y TENDENCIAS DEL MERCADO

CONCEPTOS BÁSICOS DEL ANÁLISIS TÉCNICO

Comprender cómo leer gráficos de acciones e interpretar las tendencias del mercado es esencial para tomar decisiones de inversión informadas. Esta sección explora los conceptos básicos del análisis técnico y proporciona información sobre cómo interpretar las noticias del mercado para navegar eficazmente en el mercado de valores.

Conceptos básicos del análisis técnico

El análisis técnico implica analizar datos históricos de precios y volúmenes para pronosticar movimientos futuros de precios de acciones y otros instrumentos financieros. Se basa en la premisa de que las tendencias y patrones del mercado tienden a repetirse con el tiempo, lo que permite a los inversores identificar posibles oportunidades de compra y venta. Estos son los componentes clave del análisis técnico:

1. Gráficos de precios

Tipos de gráficos : los tipos comunes incluyen gráficos de líneas, gráficos de barras y gráficos de velas.

Plazos : los gráficos pueden mostrar movimientos de precios en varios períodos de tiempo, como minutos, horas, días, semanas o meses.

Líneas de tendencia : las líneas de tendencia se utilizan para identificar la dirección y la fuerza de las tendencias de precios. Una tendencia alcista se caracteriza por máximos y mínimos más altos, mientras que una tendencia bajista muestra máximos y mínimos más bajos.

2. Indicadores técnicos

Medias móviles : las medias móviles suavizan los datos de precios para identificar tendencias filtrando el ruido de las fluctuaciones aleatorias de precios.

Índice de fuerza relativa (RSI) : el RSI mide la velocidad y el cambio de los movimientos de precios para determinar las condiciones de sobrecompra o sobreventa.

MACD (Divergencia de convergencia de media móvil) : MACD indica cambios en la tendencia de una acción comparando dos medias móviles.

3. Niveles de soporte y resistencia

Soporte : Los niveles de soporte son niveles de precios en los que una acción tiende a encontrar interés de compra, evitando que caiga más.

Resistencia : Los niveles de resistencia son niveles de precios en los que una acción tiende a encontrar presión de venta, lo que impide que siga subiendo.

4. Patrones de gráficos

Patrones comunes : patrones como cabeza y hombros, dobles techos/fondos, triángulos y banderas brindan información sobre posibles reversiones de precios o la continuación de tendencias.

INTERPRETACIÓN DE NOTICIAS DEL MERCADO

Interpretar las noticias del mercado implica analizar comunicados de prensa, informes económicos, anuncios corporativos y eventos geopolíticos que afectan los precios de las acciones y el sentimiento del mercado. A continuación se explica cómo interpretar eficazmente las noticias del mercado:

1. Indicadores económicos

Informes clave : preste atención a informes como el crecimiento del PIB, los datos de empleo (por ejemplo, nóminas no agrícolas), la inflación (IPC) y los índices de confianza del consumidor.

Impacto en los mercados : Los indicadores económicos positivos pueden generar un sentimiento alcista en el mercado, mientras que los datos negativos pueden desencadenar reacciones bajistas.

2. Informes de ganancias corporativas

Informes trimestrales : las empresas que cotizan en bolsa publican informes de ganancias trimestrales que detallan el desempeño financiero, los ingresos, las ganancias por acción (EPS) y la orientación futura.

Reacción del mercado : Los precios de las acciones a menudo reaccionan fuertemente a los informes de ganancias, y las ganancias mejores de lo esperado generalmente impulsan los precios de las acciones y viceversa.

3. Eventos geopolíticos

Impacto en los mercados : Eventos como elecciones, tensiones comerciales, conflictos geopolíticos y decisiones políticas pueden afectar los mercados globales y la confianza de los inversores.

Impacto sectorial específico : ciertos sectores, como el energético o el tecnológico, pueden ser más sensibles a eventos geopolíticos específicos.

4. Sentimiento del mercado y psicología del inversor

Miedo y avaricia : El sentimiento de los inversores oscila entre el miedo (presión de venta) y la avaricia (interés de compra), lo que influye en la volatilidad del mercado.

Enfoque contrario : los inversores contrarios pueden aprovechar los extremos del sentimiento del mercado para identificar oportunidades de compra o venta.

Integración del análisis técnico con las noticias del mercado

Enfoque holístico : la combinación del análisis técnico con el análisis fundamental (incluidas las noticias del mercado) proporciona una visión integral de los movimientos de las acciones.

Confirmación : Los patrones o indicadores técnicos pueden confirmar o contradecir noticias del mercado, guiando las decisiones de inversión.

Dominar el arte de leer gráficos de acciones e interpretar las tendencias del mercado permite a los inversores tomar decisiones informadas en el mercado de valores. Al comprender las herramientas de análisis técnico, identificar niveles clave de soporte y resistencia, reconocer patrones gráficos e interpretar las noticias del mercado de manera efectiva, los inversores pueden mejorar su capacidad para anticipar movimientos de precios y gestionar el riesgo. Perfeccionar continuamente sus habilidades de análisis técnico, mantenerse actualizado sobre la evolución del mercado y mantener un enfoque disciplinado en la inversión contribuirá a alcanzar sus objetivos financieros a largo plazo. Ya sea que sea un inversionista novato o un comerciante experimentado, integrar el análisis técnico con una comprensión profunda de las noticias del mercado brinda una ventaja estratégica para navegar las complejidades del mercado de valores con confianza y claridad.

PARTE IV: ESTRATEGIAS DE INVERSIÓN AVANZADAS

12. DIVERSIFICACIÓN Y ASIGNACIÓN DE ACTIVOS

EQUILIBRANDO SU CARTERA

La diversificación y la asignación de activos son principios fundamentales en la estrategia de inversión destinada a gestionar el riesgo y optimizar la rentabilidad. Esta sección explora los conceptos de diversificación, equilibrio de su cartera y reducción del riesgo mediante la asignación estratégica de activos.

Diversificación explicada

La diversificación implica distribuir las inversiones entre diferentes clases de activos, industrias, sectores y regiones geográficas para reducir el impacto de la volatilidad en una sola inversión. El objetivo es minimizar el riesgo y potencialmente mejorar el rendimiento general de la cartera al no depender demasiado del rendimiento de una sola inversión.

Beneficios de la diversificación

Mitigación de riesgos : la diversificación en diferentes activos reduce el riesgo de pérdidas significativas de cualquier inversión.

Potencial de mayores rendimientos : al invertir en activos con diferentes perfiles de riesgo-rendimiento, la diversificación puede mejorar los rendimientos generales de la cartera.

Suavizar la volatilidad : los activos pueden tener un rendimiento diferente en diversas condiciones del mercado, suavizando las fluctuaciones de la cartera.

Estrategias de diversificación

Clases de activos: Asigne inversiones entre acciones, bonos, equivalentes de efectivo, bienes raíces e inversiones alternativas (por ejemplo, materias primas, criptomonedas).

Asignación industrial y sectorial : Distribuya las inversiones entre diferentes industrias (por ejemplo, tecnología, atención médica, finanzas) para reducir la exposición a riesgos específicos del sector.

Diversificación geográfica : invertir en mercados de diferentes países o regiones para reducir el impacto de eventos geopolíticos o crisis económicas en una región.

Equilibrando su cartera

Equilibrar una cartera implica ajustar las asignaciones de activos para alinearlas con los objetivos de inversión, la tolerancia al riesgo y las condiciones del mercado. Una cartera equilibrada suele incluir una combinación de activos que trabajan juntos para lograr un crecimiento a largo plazo y al mismo tiempo gestionar el riesgo.

Pasos para equilibrar su cartera

Defina objetivos de inversión: determine sus objetivos financieros, como crecimiento, ingresos o preservación del capital.

Evalúe la tolerancia al riesgo : evalúe su voluntad y capacidad para tolerar fluctuaciones en el valor de la cartera.

Asigne activos : asigne activos según sus objetivos y tolerancia al riesgo, considerando el rendimiento esperado y la volatilidad de cada clase de activos.

Reequilibrio de cartera

Revisión periódica : revise y reequilibre periódicamente su cartera para mantener las asignaciones de activos deseadas.

Eventos desencadenantes : reequilibrio después de movimientos significativos del mercado, cambios en las circunstancias financieras o cambios en los objetivos de inversión.

REDUCIR EL RIESGO MEDIANTE LA DIVERSIFICACIÓN

La diversificación ayuda a reducir el riesgo de inversión al distribuir activos entre diferentes inversiones que reaccionan de manera diferente a las condiciones del mercado. Así es como mitiga varios tipos de riesgo:

1. Riesgo de mercado

Fluctuaciones del mercado: diferentes activos, como acciones, bonos y bienes raíces, pueden reaccionar de manera diferente a los movimientos del mercado.

2. Riesgo específico de la empresa

Acciones individuales: la diversificación en múltiples acciones dentro de diferentes industrias reduce el impacto del mal desempeño de una sola empresa.

3. Riesgo sectorial

Exposición de la industria: la asignación de inversiones en varios sectores reduce la exposición a riesgos específicos de una industria.

4. Riesgo geopolítico y económico

Exposición global : invertir en mercados internacionales reduce la dependencia de la estabilidad económica y política de un solo país.

Implementación de estrategias de asignación de activos

1. Asignación estratégica de activos

Estrategia a largo plazo : establezca asignaciones objetivo para diferentes clases de activos en función de los objetivos de inversión y la tolerancia al riesgo.

Reequilibrio periódico : ajuste periódicamente las ponderaciones de la cartera para mantener las asignaciones objetivo en medio de las fluctuaciones del mercado.

2. Asignación táctica de activos

Ajustes a corto plazo : realice cambios a corto plazo en la asignación de activos en función de las perspectivas del mercado o las condiciones económicas a corto plazo.

3. Asignación dinámica de activos

Flexibilidad: ajustar las asignaciones dinámicamente en respuesta a las condiciones cambiantes del mercado o las oportunidades de inversión.

La diversificación y la asignación de activos son fundamentales para crear una cartera de inversiones resiliente que equilibre el riesgo y el rendimiento. Al distribuir las inversiones entre diferentes clases de activos, industrias y regiones geográficas, los inversores pueden mitigar el riesgo y mejorar el potencial de crecimiento a largo plazo. Equilibrar una cartera implica alinear las asignaciones de activos con los objetivos de inversión y ajustarlos periódicamente para mantener los niveles de riesgo deseados. A través de la asignación estratégica de activos y un reequilibrio disciplinado, los inversores pueden navegar las fluctuaciones del mercado, reducir la vulnerabilidad a riesgos específicos y alcanzar sus objetivos financieros con mayor confianza y estabilidad. La incorporación de estos principios a su estrategia de inversión fomenta una cartera diversificada que resiste la volatilidad del mercado y lo posiciona para una acumulación sostenida de riqueza a lo largo del tiempo.

13. COMPRENSIÓN DE LOS FONDOS MUTUOS Y LOS ETF

VENTAJAS Y DESVENTAJAS

Los fondos mutuos y los fondos cotizados en bolsa (ETF) son vehículos de inversión populares que reúnen dinero de los inversores para invertir en carteras diversificadas de valores. Esta sección explora los conceptos básicos de los fondos mutuos y los ETF, sus ventajas y desventajas y cómo invertir en estos fondos de manera efectiva.

Fondos mutuos y ETF explicados

Los fondos de inversión

Los fondos mutuos son fondos de inversión administrados profesionalmente que reúnen dinero de múltiples inversores para comprar valores como acciones, bonos o una combinación de ambos. Los inversores compran acciones del fondo mutuo y el administrador del fondo asigna los fondos mancomunados de acuerdo con los objetivos de inversión del fondo.

Diversificación : proporciona diversificación al invertir en una amplia gama de valores, lo que reduce el riesgo de inversión individual.

Gestión profesional : Gestionada por gestores de cartera experimentados que toman decisiones de inversión en función de los objetivos del fondo y las condiciones del mercado.

Liquidez : los inversores pueden comprar o vender acciones de fondos mutuos al final de cada día de negociación en función del valor liquidativo (NAV) del fondo.

Fondos cotizados en bolsa (ETF)

Los ETF son similares a los fondos mutuos, pero cotizan en bolsas de valores como acciones individuales. Representan canastas de valores (por ejemplo, acciones, bonos, materias primas) y apuntan a replicar el desempeño de un índice o clase de activo específico.

Comerciabilidad : las acciones de ETF se compran y venden durante todo el día de negociación a precios de mercado, lo que brinda flexibilidad a los inversores para entrar o salir de posiciones.

Transparencia : las tenencias de ETF se divulgan diariamente, lo que permite a los inversores ver los activos subyacentes del fondo y sus ponderaciones.

Ventajas y desventajas

Ventajas de los fondos mutuos y los ETF

Diversificación : tanto los fondos mutuos como los ETF ofrecen diversificación en múltiples valores, lo que reduce el riesgo de inversión individual.

Gestión profesional : benefíciese de la gestión profesional y la experiencia de los administradores de fondos o proveedores de índices.

Accesibilidad : Fácilmente accesible a través de cuentas de corretaje o plataformas de inversión, lo que permite participar a inversores de todos los tamaños.

Rentable : muchos ETF tienen índices de gastos más bajos en comparación con los fondos mutuos administrados activamente, lo que reduce los costos generales de inversión.

Liquidez : los fondos mutuos y ETF se pueden comprar o vender diariamente, lo que brinda liquidez y flexibilidad a los inversores.

Desventajas de los fondos mutuos y los ETF

Tarifas : algunos fondos mutuos y ETF pueden tener tarifas de administración, cargos de venta (cargas) u otros gastos que pueden afectar los rendimientos.

Gestión pasiva versus activa : los fondos mutuos administrados activamente pueden tener tarifas más altas y es posible que no superen consistentemente al mercado.

Riesgo de mercado : tanto los fondos mutuos como los ETF están sujetos al riesgo de mercado y las fluctuaciones en el mercado pueden afectar su desempeño.

Error de seguimiento (ETF) : es posible que los ETF no realicen un seguimiento perfecto de su índice subyacente debido a factores como tarifas, costos comerciales y volatilidad del mercado.

CÓMO INVERTIR EN FONDOS

Pasos para invertir en fondos mutuos y ETF

Defina objetivos de inversión : determine sus objetivos financieros, tolerancia al riesgo y horizonte temporal de inversión.

Investigación y Selección :

Objetivos de inversión : elija fondos alineados con sus objetivos de inversión (por ejemplo, crecimiento, ingresos, equilibrado).

Desempeño : evalúe el desempeño histórico, las métricas de riesgo (p. ej., desviación estándar) y las tarifas.

Administrador de fondos : Evaluar el historial y la experiencia del administrador de fondos (para fondos mutuos).

Selección de fondos :

Clase de activo : decida si desea exposición a acciones, bonos, materias primas o una combinación de clases de activos.

Diversificación : considere fondos que brinden una amplia exposición a sectores, industrias o regiones geográficas.

Perfil de riesgo : haga coincidir el perfil de riesgo del fondo con su tolerancia al riesgo y sus objetivos de inversión.

Abrir una cuenta :

Cuenta de corretaje : abra una cuenta de corretaje si aún no tiene una, lo que le permitirá comprar y vender fondos mutuos y ETF.

IRA o 401(k) : Considere cuentas con ventajas impositivas como Cuentas de Jubilación Individual (IRA) o planes 401(k) patrocinados por el empleador para ahorros a largo plazo.

Realizar inversiones :

Compra : Realice órdenes de compra de acciones de fondos mutuos o unidades de ETF a través de su cuenta de corretaje.

Inversiones mínimas : algunos fondos pueden tener requisitos mínimos de inversión, así que asegúrese de cumplir con estos criterios.

Monitoreo y Reequilibrio :

Revisión periódica : supervise el rendimiento de los fondos, las tarifas y los cambios en sus circunstancias financieras u objetivos de inversión.

Reequilibrio : ajuste su cartera periódicamente para mantener las asignaciones de activos deseadas o adaptarse a los cambios en las condiciones del mercado.

Los fondos mutuos y los ETF ofrecen oportunidades de inversión accesibles y diversificadas para los inversores que buscan exposición a diversas clases de activos y segmentos de mercado. Al comprender su estructura, ventajas y posibles inconvenientes, los inversores pueden tomar decisiones informadas que se alineen con sus objetivos financieros y su tolerancia al riesgo. Ya sea que prefiera el enfoque de gestión activa de los fondos mutuos o la transparencia y flexibilidad de los ETF, integrar estos vehículos de inversión en una cartera bien diversificada puede ayudar a gestionar el riesgo y optimizar los rendimientos a largo plazo. Supervise continuamente sus inversiones, manténgase informado sobre las tendencias del mercado y ajuste su cartera según sea necesario para adaptarse a las condiciones económicas cambiantes y a los objetivos financieros personales. A través de una inversión disciplinada y una selección estratégica de fondos, los fondos mutuos y los ETF pueden desempeñar un papel vital para lograr el éxito financiero y generar riqueza con el tiempo.

14. INTRODUCCIÓN A LAS CRIPTOMONEDAS

¿QUÉ ES LA CRIPTOMONEDA?

Las criptomonedas han surgido como una clase de activo digital revolucionaria que ha captado la atención de inversores, tecnólogos y el público en general por igual. Esta sección proporciona una introducción a las criptomonedas, que cubre qué son, su tecnología subyacente y los riesgos y oportunidades asociados con la inversión en esta nueva frontera financiera.

¿Qué es la criptomoneda?

La criptomoneda es un tipo de moneda digital o virtual que utiliza criptografía por motivos de seguridad. A diferencia de las monedas tradicionales emitidas por los gobiernos (monedas fiduciarias), las criptomonedas operan en redes descentralizadas basadas en tecnología blockchain. Estas son las características clave:

Descentralización : las criptomonedas suelen estar descentralizadas y operan con tecnología de contabilidad distribuida, como blockchain, que registra todas las transacciones en una red de computadoras.

Criptografía : utiliza técnicas criptográficas para asegurar transacciones, controlar la creación de nuevas unidades y verificar la transferencia de activos.

Naturaleza digital : existe puramente en forma digital y no tiene una contraparte física como monedas o billetes.

Transacciones entre pares: permite transacciones directas entre usuarios sin la necesidad de intermediarios como bancos o procesadores de pagos.

RIESGOS Y OPORTUNIDADES

Riesgos de las criptomonedas

Volatilidad : los precios de las criptomonedas pueden ser muy volátiles, con importantes fluctuaciones de precios en períodos cortos.

Incertidumbre regulatoria : los marcos regulatorios para las criptomonedas varían a nivel mundial, lo que genera incertidumbre sobre el estatus legal, los impuestos y el cumplimiento.

Preocupaciones de seguridad : las amenazas a la ciberseguridad, como los ataques de piratería informática y phishing, plantean riesgos para los intercambios y billeteras de criptomonedas.

Manipulación del mercado : el mercado de las criptomonedas puede ser susceptible a la manipulación debido a su tamaño relativamente pequeño y su naturaleza descentralizada.

Oportunidades de las criptomonedas

Descentralización e inclusión financiera : las criptomonedas ofrecen acceso financiero a personas que no cuentan con servicios bancarios o no cuentan con servicios bancarios suficientes, especialmente en regiones con infraestructura bancaria limitada.

Innovación en tecnología Blockchain : Blockchain, la tecnología subyacente de las criptomonedas, tiene aplicaciones más amplias más allá de las finanzas, incluida la gestión de la cadena de suministro, los sistemas de votación y las finanzas descentralizadas (DeFi).

Potencial de inversión : algunos inversores ven las criptomonedas como una inversión especulativa con potencial de generar altos rendimientos, impulsada por la adopción, los avances tecnológicos y la demanda del mercado.

Diversificación : las criptomonedas pueden diversificar las carteras de inversión más allá de los activos tradicionales como acciones, bonos y materias primas.

Cómo abordar la inversión en criptomonedas

1. Infórmese:

Comprender la tecnología : aprenda sobre la tecnología blockchain, los mecanismos de consenso (p. ej., prueba de trabajo, prueba de participación) y criptomonedas clave (p. ej., Bitcoin, Ethereum).

Evaluación de riesgos : evalúe su tolerancia al riesgo y comprenda la volatilidad y la naturaleza especulativa de las inversiones en criptomonedas.

2. Elija una plataforma segura :

Intercambios de criptomonedas : investigue y seleccione intercambios de criptomonedas acreditados con sólidas medidas de seguridad y cumplimiento normativo.

Carteras : almacene de forma segura criptomonedas en carteras (billeteras activas para operaciones frecuentes, billeteras frías para almacenamiento a largo plazo) para protegerlas contra amenazas cibernéticas.

3. Diversificar las inversiones:

Riesgo diferencial: diversifique las inversiones en diferentes criptomonedas, clases de activos y estrategias de inversión para mitigar el riesgo.

4. Manténgase informado:

Tendencias del mercado: supervise las tendencias, las noticias y los desarrollos regulatorios del mercado de criptomonedas que puedan afectar los precios y el sentimiento del mercado.

Avances tecnológicos : manténgase actualizado sobre los avances en la tecnología blockchain y las nuevas aplicaciones que surgen en el ecosistema de las criptomonedas.

Las criptomonedas representan un sector dinámico y en evolución del panorama financiero global, que ofrece oportunidades potenciales para los inversores junto con riesgos inherentes. A medida que explora el mundo de las criptomonedas, comprender su tecnología, riesgos y oportunidades es fundamental para tomar decisiones de inversión informadas. Ya sea que esté intrigado por la descentralización de las finanzas, interesado en el potencial de la tecnología blockchain o buscando diversificación en su cartera de inversiones, abordar las criptomonedas con conocimiento y precaución puede permitirle navegar con eficacia en esta clase de activos emergentes. Al mantenerse informado, adoptar las mejores prácticas de seguridad y gestión de riesgos y alinear las inversiones con sus objetivos financieros y tolerancia al riesgo, puede posicionarse para capitalizar las oportunidades mientras gestiona los riesgos asociados con las inversiones en criptomonedas.

PARTE V: DESARROLLAR BUENOS HÁBITOS FINANCIEROS

15. DESARROLLAR UN PLAN DE INVERSIÓN A LARGO PLAZO

Desarrollar un plan de inversión a largo plazo es esencial para lograr objetivos financieros y generar riqueza con el tiempo. Esta sección describe los pasos para crear una estrategia de inversión integral, incluido el establecimiento de hitos y la revisión y ajuste periódicos de su plan para mantener el rumbo.

ESTABLECIENDO HITOS

Establecer hitos es crucial para definir sus objetivos financieros y medir el progreso hacia su consecución. Los hitos brindan claridad y motivación a medida que trabaja para alcanzar objetivos de inversión a largo plazo.

1. Identificar objetivos financieros

Metas a corto plazo : metas que pretende alcanzar en los próximos 1 a 3 años, como ahorrar para el pago inicial o financiar unas vacaciones.

Metas a largo plazo : Metas que abarcan de 5 a 10 años o más, como la planificación de la jubilación, la financiación de la educación de los niños o la creación de una cartera de inversiones sustancial.

2. Cuantificar objetivos

Específico : Defina los objetivos con claridad, especificando la cantidad de dinero necesaria y el plazo para alcanzar cada objetivo.

Medible : establezca objetivos cuantificables para realizar un seguimiento del progreso, como ahorrar una cantidad específica por mes o alcanzar un determinado valor de cartera.

3. Priorizar objetivos

Clasifique los objetivos según la urgencia y la importancia para asignar recursos de manera efectiva.

4. Establecer hitos

Desglose de objetivos : divida los objetivos más grandes en hitos más pequeños y manejables para realizar un seguimiento del progreso con mayor frecuencia.

Cronograma : establezca plazos para lograr cada hito para mantener el enfoque y la responsabilidad.

REVISAR Y AJUSTAR SU PLAN

Revisar y ajustar periódicamente su plan de inversión garantiza que siga siendo relevante y alineado con sus cambiantes circunstancias financieras, condiciones del mercado y objetivos de inversión.

1. Frecuencia de revisión

Revisión anual : realice una revisión integral de su plan de inversión anualmente para evaluar el progreso hacia las metas y ajustar las estrategias según sea necesario.

Eventos desencadenantes : revise su plan después de eventos importantes de su vida (por ejemplo, matrimonio, nacimiento de un hijo, cambio de carrera) o cambios en los mercados financieros.

2. Evaluar el desempeño

Logro de objetivos : mida el progreso hacia cada hito y evalúe si los objetivos se están cumpliendo dentro del plazo esperado.

Rendimiento de la inversión : evalúe el rendimiento de sus inversiones en relación con los puntos de referencia y ajuste las asignaciones si es necesario para optimizar la rentabilidad o gestionar el riesgo.

3. Ajuste de estrategias

Condiciones del mercado: considere las tendencias económicas, las tasas de interés y los factores geopolíticos que afectan el desempeño de la inversión.

Tolerancia al riesgo: reevalúe su tolerancia al riesgo con el tiempo y ajuste las asignaciones de activos en consecuencia para mantener una cartera equilibrada.

4. Consulta con asesor financiero

Orientación profesional: busque el asesoramiento de un asesor financiero o un profesional de inversiones para revisar su plan, brindarle información objetiva y recomendar ajustes según sus objetivos y perfil de riesgo.

Implementación de su plan de inversión a largo plazo

1. Asignación de activos

Diversificación: asigne inversiones entre diferentes clases de activos (acciones, bonos, bienes raíces, etc.) para distribuir el riesgo y optimizar la rentabilidad.

Gestión de riesgos: equilibre las inversiones de mayor riesgo con opciones más conservadoras según su tolerancia al riesgo y su horizonte de inversión.

2. Vehículos de inversión

Fondos mutuos y ETF: elija fondos alineados con sus objetivos y perfil de riesgo, considerando factores como índices de gastos, desempeño histórico y experiencia del administrador de fondos.

Acciones y bonos individuales : seleccione valores individuales según el análisis fundamental, la investigación de mercado y los objetivos de diversificación.

3. Estrategias fiscalmente eficientes

Utilice cuentas de jubilación (por ejemplo, IRA, 401(k)) y otros vehículos de inversión fiscalmente eficientes para minimizar las obligaciones tributarias y maximizar los ahorros.

4. Monitoreo del progreso

Supervise el rendimiento de la cartera con regularidad utilizando declaraciones de inversión, plataformas en línea o aplicaciones financieras para garantizar la alineación con sus objetivos a largo plazo.

Desarrollar un plan de inversión a largo plazo requiere una cuidadosa consideración de los objetivos financieros, los hitos y las estrategias para alcanzarlos. Al establecer hitos claros, revisar periódicamente el progreso y ajustar su plan en función de las circunstancias cambiantes y las condiciones del mercado, puede crear una cartera de inversiones resistente que respalde sus objetivos financieros a lo largo del tiempo. Ya sea planificando la jubilación, financiando la educación o logrando otros hitos financieros, un enfoque disciplinado de inversión, respaldado por una evaluación y un ajuste continuos, mejora su capacidad para navegar los ciclos económicos y lograr el éxito financiero a largo plazo. Al mantenerse informado, mantener una cartera diversificada y buscar orientación profesional cuando sea necesario, podrá perseguir con confianza sus objetivos de inversión y generar riqueza para el futuro.

16. MANTENERSE INFORMADO Y EDUCADO

Mantenerse informado y educado es crucial para invertir con éxito y navegar por las complejidades de los mercados financieros. Esta sección explora estrategias efectivas para el aprendizaje continuo, el acceso a recursos y mantenerse actualizado sobre las tendencias del mercado para tomar decisiones de inversión informadas.

RECURSOS PARA EL APRENDIZAJE CONTINUO

El aprendizaje continuo es esencial para ampliar el conocimiento, comprender nuevas oportunidades de inversión y mantenerse al tanto de los desarrollos de la industria. Utilice una variedad de recursos para mejorar su experiencia en inversiones:

1. Libros y publicaciones

Clásicos de inversión : explore libros atemporales sobre principios de inversión, como "El inversor inteligente" de Benjamin Graham o "Un paseo aleatorio por Wall Street" de Burton Malkiel.

Publicaciones financieras : Suscríbase a revistas financieras (por ejemplo, Forbes, The Economist) y revistas de la industria para obtener información sobre las tendencias del mercado y análisis de expertos.

2. Cursos en línea y seminarios web

Plataformas educativas: inscríbase en cursos en línea ofrecidos por plataformas como Coursera, Udemy o Khan Academy, centrados en finanzas, economía y estrategias de inversión.

Seminarios web : asista a seminarios web organizados por expertos financieros, administradores de activos u organizaciones industriales para obtener información y actualizaciones en tiempo real.

3. Noticias y sitios web financieros

Medios de comunicación : siga sitios web de noticias financieras acreditados (por ejemplo, Bloomberg, CNBC, Financial Times) para obtener noticias de última hora, actualizaciones del mercado y análisis en profundidad.

Blogs de inversión : lea blogs escritos por profesionales de las finanzas, economistas o estrategas de inversión para obtener diversas perspectivas y comentarios oportunos.

4. Certificaciones profesionales

Planificador financiero certificado (CFP): obtenga certificaciones profesionales como CFP para profundizar el conocimiento de la planificación financiera, las estrategias de inversión y los servicios de asesoramiento al cliente.

Analista financiero colegiado (CFA): considere el programa CFA para obtener un conocimiento profundo del análisis de inversiones, la gestión de carteras y los estándares éticos.

SIGUIENDO LAS TENDENCIAS DEL MERCADO

Monitorear las tendencias del mercado es esencial para tomar decisiones de inversión informadas y ajustar estrategias en respuesta a las condiciones económicas y los panoramas financieros cambiantes:

1. Indicadores económicos

Realice un seguimiento de indicadores económicos como el crecimiento del PIB, las tasas de desempleo, la inflación y las tasas de interés para evaluar la salud económica más amplia y las posibles implicaciones para la inversión.

2. Análisis del sector y la industria

Desempeño del sector : Analice las tendencias de desempeño y los pronósticos para sectores específicos (por ejemplo, tecnología, atención médica, energía) para identificar oportunidades emergentes o riesgos potenciales.

Informes de la industria : acceda a informes y análisis de la industria de empresas de investigación o instituciones financieras para comprender la dinámica específica del sector y las perspectivas de inversión.

3. Mercados globales

Manténgase informado sobre eventos geopolíticos, políticas comerciales y tendencias del mercado global que impactan las inversiones internacionales y la estabilidad económica global.

4. Innovaciones tecnológicas

Monitorear los avances en tecnología (por ejemplo, blockchain, inteligencia artificial) y su impacto en las industrias, los mercados y las oportunidades de inversión.

Mantenerse informado y educado permite a los inversores tomar decisiones informadas, sortear la volatilidad del mercado y capitalizar las oportunidades de inversión. Al aprovechar diversos recursos para el aprendizaje continuo, incluidos libros, cursos en línea, noticias financieras y certificaciones profesionales, los inversores pueden ampliar su base de conocimientos y mejorar su experiencia en inversiones. Además, seguir activamente las tendencias del mercado, los indicadores económicos y los desarrollos tecnológicos permite a los inversores adaptar estrategias, identificar oportunidades emergentes y gestionar riesgos de forma eficaz. Ya sea que sea un inversionista experimentado o nuevo en los mercados financieros, priorizar la educación continua y mantenerse informado lo posicionará para lograr el éxito financiero a largo plazo y navegar con confianza por las complejidades de la economía global actual. Comprometerse con el aprendizaje continuo y la toma de decisiones informadas fomenta la resiliencia, la adaptabilidad y el crecimiento estratégico en su viaje de inversión.

PARTE VI:

APLICACIONES DEL

MUNDO REAL Y

ESTUDIOS DE CASOS

17. GENERACIÓN DE RIQUEZA: LA PERSPECTIVA DE UN ADOLESCENTE

Comprender cómo los adolescentes abordan la creación de riqueza ofrece información valiosa sobre consejos prácticos, desafíos y estrategias para equilibrar las inversiones con las responsabilidades académicas y los compromisos de la vida personal. Esta sección explora consejos prácticos de pares y estrategias para gestionar inversiones junto con la escuela y otras actividades.

CONSEJOS PRÁCTICOS DE SUS COMPAÑEROS

Las opiniones de los pares brindan consejos prácticos y estrategias de la vida real para los adolescentes que navegan por el mundo de la inversión y la creación de riqueza:

1. Empezando poco a poco

Hábitos de ahorro : cultive hábitos de ahorro disciplinados reservando una parte de sus ganancias o asignaciones para inversiones.

Microinversión : explore plataformas o aplicaciones de microinversión que permitan inversiones pequeñas en acciones, ETF o criptomonedas.

2. Diversificación y Gestión de Riesgos

Diversifique las inversiones : distribuya las inversiones entre diferentes clases de activos (acciones, bonos, ETF) para mitigar el riesgo y optimizar la rentabilidad.

Conciencia del riesgo : comprenda los riesgos asociados con cada inversión y alinee la tolerancia al riesgo con los objetivos de inversión.

3. Educación y aprendizaje continuo

Conocimientos financieros : priorice el aprendizaje sobre los mercados financieros, los principios de inversión y las finanzas personales a través de libros, cursos en línea o talleres.

Investigación : realice una investigación exhaustiva sobre oportunidades de inversión, tendencias del mercado e indicadores económicos antes de tomar decisiones de inversión.

4. Perspectiva a largo plazo

Paciencia y disciplina : Adoptar un enfoque de inversión a largo plazo, centrándose en la acumulación gradual de riqueza y evitando decisiones impulsivas basadas en fluctuaciones del mercado a corto plazo.

Establecimiento de objetivos : establezca objetivos financieros específicos, como ahorrar para la universidad, financiar una futura empresa comercial o crear ahorros para la jubilación.

EQUILIBRANDO LA INVERSIÓN CON LA ESCUELA Y LA VIDA

Equilibrar las inversiones con los compromisos académicos y la vida personal requiere estrategias efectivas de gestión del tiempo y priorización:

1. Gestión del tiempo

Priorizar lo académico: asignar tiempo suficiente para estudiar, completar tareas y participar en actividades extracurriculares mientras se mantiene el rendimiento académico.

Establezca horas de inversión: programe tiempo dedicado para investigar inversiones, monitorear carteras y mantenerse informado sobre las tendencias del mercado.

2. Sistemas de apoyo

Familia y tutoría : busque orientación de padres, familiares o mentores que puedan brindarle consejos sobre decisiones financieras, estrategias de inversión y desarrollo personal.

Redes de pares : únase a clubes, foros o grupos de inversión con pares interesados en finanzas para compartir conocimientos, intercambiar ideas y colaborar en oportunidades de inversión.

3. Equilibrio saludable

Autocuidado : Priorice el bienestar físico y mental equilibrando las actividades de inversión con pasatiempos, ejercicio e interacciones sociales.

Tiempo libre : Tómese descansos de la planificación financiera para recargar energías y mantener una perspectiva saludable sobre la creación de riqueza y los objetivos personales.

Crear riqueza en la adolescencia implica aprovechar los consejos prácticos de sus compañeros, equilibrar las inversiones con las responsabilidades académicas y la vida personal, y cultivar un enfoque disciplinado en la gestión financiera. Al iniciar inversiones pequeñas y diversificadas y priorizar el aprendizaje continuo, los adolescentes pueden desarrollar habilidades cruciales de educación financiera y sentar las bases para el éxito financiero a largo plazo. Gestionar el tiempo de forma eficaz, buscar apoyo de mentores y redes de pares y mantener un equilibrio saludable entre lo académico, las inversiones y los intereses personales son esenciales para afrontar las complejidades de la creación de riqueza a una edad temprana. Con determinación, educación y planificación estratégica, los adolescentes pueden embarcarse en un viaje gratificante hacia la independencia financiera y lograr sus objetivos mientras disfrutan de una vida académica y personal satisfactoria.

www.ingramcontent.com/pod-product-compliance
Lightning Source LLC
Chambersburg PA
CBHW031626210526
45464CB00004B/1768